兒童文學叢書
・影響世界的人・

天涯，海角，中國
行萬里路的馬可波羅

陳永秀／著
謝佩芬／繪

國家圖書館出版品預行編目資料

天涯，海角，中國：行萬里路的馬可波羅／陳永秀
著;謝佩芬繪.－－二版一刷.－－臺北市:三民,2009
　　面;　　公分.－－(兒童文學叢書・影響世界的人)

ISBN 978-957-14-4000-2　(精裝)

1.馬可波羅(Marco, Polo, 1254-1324)－傳記－通俗
作品

784.58

ⓒ 天涯，海角，中國
——行萬里路的馬可波羅

著 作 人	陳永秀
繪　　者	謝佩芬
發 行 人	劉振強
著作財產權人	三民書局股份有限公司
發 行 所	三民書局股份有限公司
	地址　臺北市復興北路386號
	電話　(02)25006600
	郵撥帳號　0009998-5
門 市 部	(復北店)臺北市復興北路386號
	(重南店)臺北市重慶南路一段61號
出版日期	初版一刷　2004年4月
	二版一刷　2009年7月
編　　號	S 781091

行政院新聞局登記證局版臺業字第○二○○號

有著作權・不准侵害

ISBN　978-957-14-4000-2　　(精裝)

http://www.sanmin.com.tw　三民網路書店

※本書如有缺頁、破損或裝訂錯誤，請寄回本公司更換。

多彩多姿的世界
（主編的話）

　　小時候常常和朋友們坐在後院的陽臺，欣賞雨後的天空，尤其是看到那多彩多姿的彩虹時，我們就爭相細數，看誰數到最多的色彩——紅、黃、藍、橙、綠、紫、靛，是這些不同的顏色，讓我們目迷神馳，也讓我們總愛仰望天際，找尋彩虹，找尋自己喜愛的色彩。

　　世界不就是因有了這麼多顏色而多彩多姿嗎？人類也因為各有不同的特色，各自提供不同的才能和奉獻，使我們生活的世界更為豐富多彩。

　　「影響世界的人」這一套書，就是經由這樣的思考而產生，也是三民書局在推出「藝術家系列」、「文學家系列」、「童話小天地」以及「音樂家系列」之後，策劃已久的第六套兒童文學系列。在這個沒有英雄也沒有主色的年代，希望小朋友從閱讀中激勵出各自不同的興趣，而各展所長。我們的生活中，也因為有各行各業的人群，埋頭苦幹的付出與奉獻，代代相傳，才使人類的生活走向更為美好多元的境界。

　　這一套書一共收集了十二位傳主（當然影響世界的人，包括了形形色色的人群，豈止十二人，一百二十人都不止），包括了宗教、哲學、醫學、教育與生物、物理等人文與自然科學。這一套書的作者，和以往一樣，皆為學有專精又關心下一代兒童讀物，所以在文字和內容上都是以深入淺出的方式，由作者以文學之筆，讓孩子們在快樂的閱讀中，認識並接近那影響世界的人，是如何為人類付出貢獻，帶來福祉。

　　第一次為孩子們寫書的龔則韞，她主修生化，由她來寫生物學家孟德爾，自然得心應手，不作第二人想。還有唐念祖學的是物理，一口氣寫了牛頓與愛因斯坦兩位大師，生動又有趣。李笠雖主修外文，但對宗教深有研究。謝謝他們三位開始加入為小朋友寫作的行列，一起為兒童文學耕耘。

　　宗教方面除了李笠寫的穆罕默德外，還有王明心所寫的耶穌，和李民安所寫的釋迦牟尼，小朋友讀過之後，對宗教必定有較為深入的了解。她們兩位都是寫童書的高手，王明心獲得 2003 年兒童及少年圖書金鼎獎，李民安則獲得 2000 年小太陽獎。

1

　　許懷哲的悲天憫人和仁心仁術，為人類解除痛苦，由醫學院出身的喻麗清來寫他，最為深刻感人。喻麗清多才多藝，「藝術家系列」中有好幾本她的創作都得到大獎。而原本學醫的她與許懷哲醫生是同行，寫來更加生動。姚嘉為的文學根基深厚，把博學的亞里斯多德介紹給小朋友，深入淺出，相信喜愛思考的孩子一定能受到啟發。李寬宏雖然是核子工程博士，但是喜愛文學、音樂的他，把嚴肅的孔子寫得多麼親切可愛，小朋友讀了孔子的故事，也許就更想多去了解孔子的學說了。

　　馬可波羅的故事我們聽得很多，但是陳永秀第一次把馬可波羅的故事，有系統的介紹給大家，不僅有趣，還有很多史實，永秀一向認真，為寫此書做了很多研究工作。而張燕風一向喜愛收集，為寫此書，她做了很多筆記，這次她讓我們認識了電話的發明人貝爾。我們能想像沒有電話的生活會是如何的困難和不便嗎？貝爾是怎麼發明電話的？小朋友一定迫不及待的想讀這本書，也許從中還能找到靈感呢！居禮夫人在科學上的貢獻是舉世皆知，但是有多少人了解她不屈不撓的堅持？如果沒有放射線的發現，我們今天不會有方便的 X 光檢查及放射性治療，也不會有核能發電及同位素的普遍利用。石家興在述說居禮夫人的故事時，本身也是學科學的他，希望孩子們從閱讀中，能領悟到居禮夫人鍥而不捨的精神，那是一位真正的科學家，腳踏實地的真實寫照。

　　閱讀這十二篇書稿，寫完總序，窗外的春意已濃，這兩年來，經過了編輯們的認真編排，才使這一套書籍得以在孩子們面前呈現。在歲月的流逝中，這是多麼令人高興的事，我相信每一位參與寫作的朋友，都會和我有一樣愉悅的心情，因為我們都興高采烈的在一起搭一座彩虹橋，期望未來的世界更多彩多姿。

作者的話

　　我是個喜歡旅行的人，去過很多地方，回來把相片給親戚朋友看，他們雖沒去，卻能從相片上看到我去過的那些地方，沒人會說：「根本沒這麼一個地方，你，騙人……」

　　生在八百年前的馬可波羅，就沒那麼運氣了。那個時代，沒有飛機，沒有電話，沒有照相機，他一走二十四年，沒有一點消息，忽然出現，就說去過中國，去過印度，去過阿富汗，去過……沒有相片做證明，聽的人大眼瞪小眼，直搖頭，「不相信，難相信，你，騙人……」少數幾個雖然信了，還要靠豐富的想像力呢。

　　但馬可的遊記，卻像顆種子，種在歐洲人心中，慢慢散布到全世界。八百年後，平凡的小百姓馬可波羅已成了全世界家喻戶曉的名人，他和中國更是密切的連在一起。我問過幾個人：「如果我提馬可波羅，你會想到……」回答一定是：「中國。」

　　1997 年，美國地理雜誌的編輯麥可愛德華，用了破釜沉舟的決心，照著馬可波羅的足跡走。從威尼斯開始，經過伊朗、阿富汗，進到中國的新疆、甘肅、內蒙古、河北、江蘇、浙江、雲南、西藏等地，然後從汕頭坐船，經過蘇門答臘、印度、伊朗，回到威尼斯，全程一萬多英里。他一路仔細探討馬可的記述，他的結論是：「沒錯，馬可八百年前的的確確走過這條路，有的地方已成了破垣斷壁，有的地方風貌還在，盧溝橋依然壯觀，杭州西湖依然秀麗，揚州人依然紀念特使馬可。他說中國人吃的那些滑不溜丟，和咕咕嘎嘎叫的動物，我還在菜場看到呢。」

　　不信馬可真到過那些奇妙地方的人，挑剔說：「中國人的文字，中國人每天用筷子，中國人喝茶，他為什麼一字不提？」麥可綜合

1

了許多位中國學者和他自己的看法是：馬可是忽必烈手下的人，他大概只學會蒙古話和蒙古文字，忽必烈沒有必要叫他學漢字，對不！說到筷子，別忘了，當時蒙古人是用刀切肉，然後用手抓來吃的。茶呢？可能對這個歐洲人來說，比起濃香的咖啡，太淡而無味了，他從來不喝，自然不寫了。

　　至於，元朝歷史中，為什麼沒有提到馬可波羅呢？那是因為明朝朱元璋打敗元朝最後一個大汗後，燒毀了許許多多的文件，剩下的元兵，倉皇逃回外蒙古，慌里慌張只想保全性命，誰還顧到歷史資料呢？燒毀的說不定有關於馬可波羅的記載呢。

　　麥可愛德華用了四年時間，大膽旅行，小心求證的結果是：對《馬可波羅東遊記》終於完完全全相信了。

　　馬可，我們相信你的話，你可以安息了！

陳永秀

馬可波羅

在威尼斯長大的馬可,常在碼頭上看著船慢慢消失在地平線外,
那兒有許許多多人住著,而他,對那些人充滿好奇。
渴望探險的心,就連美麗的威尼斯也留不住他。

一、威尼斯商人

八百多年前，東歐商人和中國商人貿易，來來往往，有兩條路可走，一是走陸地「絲路」，一是走海上「香料路」。現在從東歐飛到中國，二十小時就夠了，但那時，三年都不見得夠呢。沒有好地圖，只好邊走邊看指南針或是天文探測器，前面路上會遇到什麼呢？很難說，可能是海盜土匪，可能是毒蛇野獸，也可能是兩軍打仗。常常在一段路上，風雪讓人冷得吃不消，在另一段路上，太陽又曬得讓人受不了，想活著走完這條路，靠勇氣、靠體力、靠知識，還得靠運氣。

　　他們交換些什麼呢？東方的絲、檀香木、稀奇的動物、花樹、珠寶、象牙，還有各式各樣的香料，西方呢，金、銀、珊瑚、琥珀、棉毛等。除了交換物品，他們還交換農業和科學知識、語言、宗教、藝術、騎馬技術等。

　　而西歐，因為和中國沒有交易，所以西歐的人並不知道遠遠的東方有個國家叫中國。一百年後，西歐義大利的馬可波羅改變了這一切。他不但去了中國，在中國住了十七年多，回來還找人幫忙寫了一本書，叫《馬可波羅東遊記》，他真可以說是第一位中國通了。

馬可波羅的故事該從哪兒開始呢？就
從他出生的地方義大利威尼斯說起吧。

威尼斯是一個很美、很美的水城，運
河代替了馬路，運河上方有許多可愛的小
橋，運河裡全是畫得很好看的平底船，五
顏六色，划來划去。威尼斯又是地中海的
港口，東西方的貨船可以在這裡停靠，買

呀賣呀，所以很繁華很興旺。威尼斯人為了感謝大海帶給他們的財富，每年都要熱熱鬧鬧辦一次「城和海」的結婚大典，全城的人打扮得漂漂亮亮，坐在各式各樣的船上，張燈結彩，美不勝收。樂隊演奏著結婚進行曲，等市長代表城市把戒指丟到大海，完成儀式，大家便高聲歡呼祝賀：「城市和大海相親相愛，永永遠遠。」

5

1254 年，就在馬可波羅快要出生的時候，爸爸尼可羅和叔叔馬菲俄這對威尼斯商人，卻因為做生意，搭船去了土耳其的康斯坦丁堡，這一去就是六年。要回家的時候，聽到傳說：東方有位蒙古皇帝忽必烈，是成吉思汗的孫子，登位後，他開明開朗又開放，領導著國家走向太平盛世，他很歡迎歐洲人去傳教和做生意。

　　尼可羅和馬菲俄兄弟在康斯坦丁堡聽到這個消息，覺得這可是一個難得的機會啊，家也不回了，上了馬兒，朝「東方」騎去。三年後才來到中國。忽必烈很高興有西方國家的人民前來，便在上都召見他們，興致勃勃的問東問西，問西方人的生活習慣、問西方的宗教、問他們前來中國的目的……並且要他們在宮中住下。尼可羅和馬菲俄兄弟也覺得很新鮮，看到宮裡宮外東方人的生活習慣以及器用，也看到了大家對忽必烈的愛戴，這一住就將近三年。

　　波羅兄弟在三年之中學到很多，但是他們想回家了，尤其是尼可羅，他還沒看到他的小兒子呢。忽必烈不能勉強他們留下，只好說:「走是可以，但是要回來，我

6

要你們去見教宗，請他送十位傳教士來，除了傳教，還要懂天文、地理、文學、音樂、算術等，並希望你們回來時，能從耶穌聖墓的長明燈中取來一些聖油。」他親筆給教宗寫了一封信，讓他們送去。同時忽必烈又給他們一個「金牌」，這個金牌可有用了，每走到一個驛站，只要把這金牌亮出來，不僅可以順利通行，而且要馬有馬，要食物有食物，要住宿可以住宿，只要是在中國境內，就能通行無阻。這金牌一呎長，四吋寬，上面鑲著寶石，還刻了蒙古人認為神聖的動物和飛鳥。金牌代表皇帝的命令，如果亂用，就是對皇帝大不敬，是要砍頭的。

回威尼斯又花了三年多的時間，威尼斯更熱鬧更繁華了，只是物是人非，尼可羅的太太已死，住在阿姨家的馬可，已長成一個十五歲壯壯的青年。尼可羅抱著兒子說：「馬可，我的馬可，你都快比爸爸高了。」馬可勉為其難的叫了聲爸爸，這個陌生人，從來都沒見過呢，親戚朋友也都以為他們死了，十五年沒有一丁點兒他們的消息，忽然出現，大家起先還認不出來，等認出來了，高興得不得了！

　　但是等他們說到遠在天涯海角的中國，國王忽必烈住在巍峨的宮殿中，他穿著黃袍，上面繡了神氣的龍這些事情時，大家都很難接受，紛紛說：「真有這樣一個國家嗎？大概是你們旅途太無聊，瞎編的吧？」他們把忽必烈送的寶石和紀念物拿給大家看，大家還是難以想像，心中充滿懷疑：這是一個什麼樣的國家呢？山那頭、水那邊會有這樣美麗的地方嗎？它的文明不比我們差，有些地方比我們還好，這，可能嗎？

二、再見了，威尼斯

在威尼斯長大的馬可，小時候常常到碼頭去玩，看非洲、歐洲、印度、阿拉伯來的船，小小一個黑點，從遠方地平線過來，近了近了，看它插什麼樣的旗子，就知道是哪一國來的。小馬可總是擠在人叢中歡迎船上的商人、水手和士兵。他還喜歡看大人交易，他們有時大聲嚷嚷，有時拍肩膀，有時擁抱。說著各國聽起來怪腔怪調的語言，小馬可很注意的聽，很注意的觀察市場的形形色色，比起坐在課堂上聽書本上的知識，他學到的是鮮活的人生經驗。他又常坐在碼頭上，看出港的船慢慢消失在地平線外，他知道地平線外還有許許多多人住著，而他，對那些人充滿好奇。

所以，當他那陌生的爸爸忽然出現，告訴他許多關於中國的事，儘管別人不相信，我們的馬可可是百分之百的相信，他的心都飛到這神祕的國家了。

而尼可羅和馬菲俄兄弟從中國回來之後，立刻去見教宗，不巧教宗才剛過世，而新教宗要兩年多才選得出來。他們等到新教宗選出，給他看了忽必烈的信，教宗很感動，也寫了封回信託波羅兄弟帶去。至於忽必烈希望會有十位傳教士隨行至中國，但教宗只能送兩位去。波羅兄弟後來又去了耶路撒冷取得聖油，準備帶給忽必烈。

　　這一天，爸爸問馬可：「我們打算到中國，你要不要一起去？不過，路上會非常辛苦喔！」馬可毫不遲疑的回答說：「我不怕辛苦，我一直等待著這一天，總算讓我等到了！」他渴望探險的心都等得不耐煩了，那時他才十七歲。於是，波羅兄弟又組織了一個商隊，裝了大箱大箱的貨物，帶著兩位傳教士，當然還有馬可，動身前往中國。

　　家，留不住馬可。美麗的威尼斯，也留不住他。「再見了，威尼斯，我會回來的，但不知道是哪一年。」他站在船頭向送別的人招手，心中這樣說。他當時也沒有想到這一別，就是二十四年。

　　帆船行過亞德里亞海，進入地中海，
大海深深，大海茫茫，他們最擔心遇到風
暴和海盜，還好，一路上平安無事的抵達
阿克理城，從那裡開始走陸路。沒多久就
聽到前面有埃及土匪又搶又奪，兩位傳教
士不敢繼續前進，先回去了。但馬可他們
仍舊冒險往前走，幸好並沒有遇到土匪。

威尼斯

到了愛亞斯，這個地中海城市是旅客東行的轉運點，馬可也開始記下他旅途中看見的一切。他們經過了阿美尼亞，進到東土耳其，那已是大蒙古的一部分。一路上愛觀察的馬可發現蒙古政權非常容忍，一個人只要不犯罪，信奉哪一個神和哪一種宗教都可以。

又經過幾個城，原本想改走水路，便來到波斯灣的荷爾目斯港。這港好熱鬧好熱鬧呀，到處都是印度商人叫賣香料、珍珠、金箔、象牙等。他們看見港口停靠的船，不是印度造，就是阿拉伯造。不只粗製濫造，看起來還破破舊舊的，「這些船

14

康巴麗
（現在的北京）

怎麼能夠抵擋印度洋大風暴一的呀，船都餵給魚吃了嗎？我們不行不行，這樣的船絕不能坐。」於是他們又改走絲路——

這條一千多年前唐朝的玄奘從中國到印度取佛經走過的路，現在已是東方西方運貨的交通要道了。

絲路很長，從東歐一直到中國，路上經過許多國家，所以常常為了「你爭我一小塊地，我占你一小塊地」而打來打去，路上又常常出現土匪，橫行霸道，商人當年走這條路，都怕怕的。現在可好多了，因為成吉思汗從中國蒙古一直打到東歐，大片土地全是他的了，誰敢惹他呀，這一來，絲路也太平多了。

15

在這裡，讓我們來談談草原上崛起的大英雄成吉思汗吧！他本名叫鐵木真，是蒙古的韃靼人。他高大健壯、頭腦靈活聰明，說話鏗鏘有力，待人真誠公道，韃靼人都願意聽他指揮，把他奉為「大汗」，就是大王的意思，他改名為成吉思汗。

　　他手下的騎士個個兇猛，天不怕地不怕，單調的大草原已經不能滿足他們的需要，成吉思汗也野心勃勃的高喊:「是我們擴展土地的時候了。」他統率大軍一路打出去，東打西打，愈戰愈勇，絲路上的國家

從東土耳其開始，波斯、伊拉克、印度、錫蘭等國全由他這個大汗統治了。

他死後，大汗的位子先由兒子，再由孫子繼承。波羅兄弟和馬可來時，正是成吉思汗的孫子忽必烈在位為大汗的時候。忽必烈年輕時也好戰，把整大片中國土地都占領了，他改國號為元，後世稱為元世祖。

17

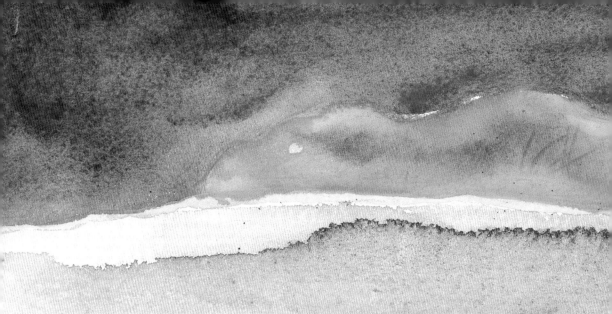

　　波羅兄弟和馬可經過波斯、阿富汗，然後朝東北走，爬上帕米爾高原，帕米爾有一萬九千呎高呢，到了山頂，真感到高高在上。怪不得這裡的人都叫它「世界的屋脊」呢。馬可發現食物煮啊煮啊就是不熟，原來是地勢太高，空氣太稀薄了。

　　從冰天雪地的帕米爾高原辛苦的下來後，才喘一口氣，前面又碰到新疆的羅布荒原，這是一片寸草不生、鳥不生蛋、動物都不來住的沙地，在這樣荒無人煙的地方要走一個月，食物一定要盡量帶，水只能在沙地中補充。沙地又乾又熱，好不容易才看到一灘水，卻擠滿了人；食物呢，每天只能吃一點點，因為怕不夠呀。

　　在荒原沙地中，常聽到各式各樣奇怪的聲音，一會兒是千軍萬馬啪答啪答的蹄聲，一會兒聽到幽幽的笛聲，一會兒又聽

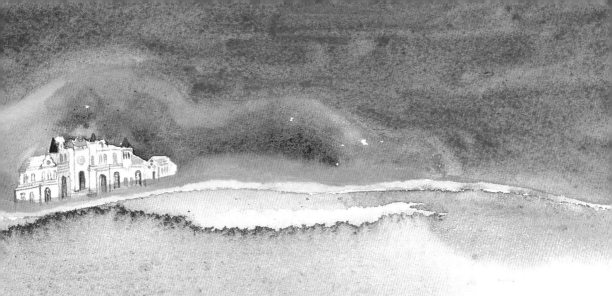

到有人輕輕哼歌，但是附近根本沒人呀，所以他們聽得毛骨悚然，許多人說：「沙漠有鬼。」真有鬼嗎？原來，這叫「沙鳴」，沙丘被狂風吹得移過來移過去所發出的怪異聲音。途中，他們又看到海市蜃樓（太陽光把遠處的城市反射在沙漠上，是城市的反影），這幻象常常把他們搞得糊裡糊塗，空歡喜一場。走了一個月才走出大荒原，三人都累得不成人樣兒，餓得有氣無力了。

從新疆進入甘肅後，他們來到一個叫做沙州的城市，這城裡有好多廟，廟裡有各式各樣的菩薩，馬可看得目瞪口呆，他記下「這城有許多修道院，院裡有許多偶像，大概是聖人吧」。這是他第一次看到佛廟，難怪他以為是修道院了。沙州其實就是今天的敦煌。

19

三、馬可向忽必烈磕頭

當波羅兄弟和馬可還要四十多天才會到達忽必烈的夏宮上都時，忽必烈已派皇家軍來迎接他們，三人不再寂寞，一行人浩浩蕩蕩，神神氣氣的騎向上都。抵達位在內蒙古的上都時，忽必烈已端坐在龍椅上等著他們了，波羅兄弟說話算話，千里迢迢的回來了，怎不叫忽必烈感動呢！

波羅兄弟向忽必烈磕頭，遞上聖油和教宗的信，信上說以後會多送幾位傳教士到中國，忽必烈聽了很滿意。這時，他一眼看到站在一旁的馬可，「那個年輕人是誰？」他問尼可羅。尼可羅說:「是我兒子馬可。過來向大王磕頭。」馬可走過去向他磕頭，並用一路上學來的蒙古話回大王問的話，忽必烈對這彬彬有禮的年輕人幾乎是一看就喜歡，他說:「我很高興你願意同你爸爸一塊來。」由這簡單的一句話開始，二十歲的馬可和六十歲的忽必烈建立起將近二十年的友誼。

忽必烈高興得舉行了盛大的宴會，請了很多人，有人彈有人跳有人唱，全是蒙古音樂。馬可好喜歡，不知不覺，腳在地上打著拍子，有個跳舞的人看見了，上來請他，他大大方方的下去跳，跳得亂七八糟，跳得暈頭轉向，跳得滿頭大汗，忽必烈看得好樂，嘴都合不攏了。

忽必烈看馬可，一看就順眼，馬可看忽必烈呢？他記下「大王不高不矮，不胖不瘦，紅光滿面，眼睛又黑又亮，鼻子又高又挺，他很神氣，但又很和氣，還喜歡說說笑笑，他雖然是大王，我卻一點都不怕他」。

很快的，忽必烈就把馬可安排在皇家騎士隊了，從此，馬可就和中國人同進同出。一同生活，一同工作，一同跳舞唱歌。這年輕人很快就學會了中國人的習慣和禮貌，忽必烈看在眼裡，十分滿意。

四、馬可看忽必烈和他的中國

　　中國對馬可來說，到處都是新鮮事，他把看見的事用心寫成報告，生動有趣，宮廷上上下下都喜歡讀，尤其是忽必烈更是讀得愛不釋手，於是鼓勵他，把看見的每一件大事小事都寫下來。

　　馬可是一個靈敏的人，一眼就可以看到有趣的和特別的事。他一邊觀察一邊學習，為人和和氣氣的，很多人都願意和這個「眼睛有顏色」的人親近。不用說，忽必烈是愈來愈信任他了，讓他去這兒去那兒，鼓勵他多看看民間，多寫寫報告，這樣忽必烈也可更了解民間。

　　忽必烈不太相信蒙古人，也不信任漢人，而這個年輕人，純純的，光做事，沒有什麼壞心眼，對中國充滿好奇心，只想多認識這個奇妙的國家，在政治上，他沒有任何野心，因此忽必烈非常放心。

　　上都宮殿高雅優美，室內金碧輝煌，殿外一大片綠油油的草地，養了鹿、羊、

22

雪白的馬和蒙古人最喜歡的老鷹（是蒙古人心目中天神派下來的使者）。忽必烈常常騎著馬，帶著他的小花豹，「去，給我抓隻小羊或小鹿來。」小花豹衝過去，很快就抓到一隻，啣回來放在忽必烈跟前，忽必烈馬上丟給老鷹吃。他告訴馬可，「蒙古人最喜歡在大草原上打獵，我現在在自己院子裡打獵，只是好玩而已。」

在上都住了三個月後，全班人馬回到首都康巴麗（現在的北京），馬可從沒看過這樣大、這樣氣派的城市，威尼斯和它比起來，簡直是小巫見大巫。那時歐洲的城市，到處都是窄窄的、彎彎曲曲的小街小巷，而康巴麗則方方正正、整整齊齊，街道又直又寬，像個大棋盤。

康巴麗的宮殿就更富麗堂皇了，有刻著大龍、兵士、飛鳥的城牆圍繞著，房頂漆成朱紅、寶藍、墨綠和紫色，在太陽下發出亮閃閃的彩光。宮殿不遠的地方有座假山，上面有個雅致的亭子，亭子的柱子像龍，烘托著用竹子做成的屋頂，四周種了稀奇獨特的樹，都是用大象從別處扛上來的。忽必烈累了，就到這兒清靜清靜，馬可也好喜歡這亭子，但他不能隨便來。

23

忽必烈每次開大宴會，都讓馬可眼花撩亂。大廳可以坐六千人，大家鬧哄哄一碗一碗的喝酒，喝得差不多醉了，宴會才正式開始。新年宴會的規模更大，來客送金、銀、寶石，還送各地的馬，每年大王可以收到十萬匹馬呢。拜年的時候，幾千人跪下來一同磕頭，也使馬可非常感動。

中國印刷業九世紀就開始了，而歐洲要到十五世紀才懂印刷。所以當馬可看見中國人使用印刷的紙幣，薄薄一張紙，就可用來買東西，十分驚訝。還有一樣讓他吃驚的是中國人燒煤塊，那黑咕隆咚的石頭燒紅了，就可以讓房間整晚暖烘烘的。

馬可眼裡，忽必烈是一位和藹又可親的大王，他看見農民的稻田被風暴或蝗蟲破壞，馬上發送稻米給他們，也不要他們交稅。他設立醫院、學校、孤兒院，每天他的官員還發送三萬五千碗飯救濟人民。他又派人在公路兩邊種樹以便遮陽，走在路上不會熱得吃不消。他提倡科學，建造可觀測天象的天文臺。宗教方面，基督教的耶穌、回教的穆罕默德和佛教的釋迦牟尼，他全信。信奉基督的馬可覺得奇怪，忽必烈說:「將來我登了天，才知道他們中

25

哪一位最高高在上，現在對我來說，幾位先知都是真神。」因為他這樣開通，各種宗教信徒才能彼此容忍互相尊重。

　　而忽必烈眼裡的馬可呢？「這年輕人在宮裡學了一段日子，可以到外考察了，先派他去雲南吧。看看他的表現如何。」從北京到雲南走了將近六個月，雲南山高水秀，境內有許多不同的民族，服裝、習俗各不相同。他們到山上採藥材，到河裡淘金子；有一族人喜歡裝金牙，有一族人喜歡紋身，有一族人常吃生肉……，他們都崇拜偶像，每家一個，個個不同，馬可把觀察結果仔仔細細的寫成報告。

　　在雲南，這個威尼斯人第一次看到鱷魚，

他說這長長的、兇兇的、醜醜的、疙里疙瘩的動物看了叫人發抖，但是雲南人不但不怕，還想辦法抓來，剝了皮賣；肉呢？吃呀！居然比什麼肉都好吃。

忽必烈看了馬可井井有條的報告，對偏遠的雲南多了許多了解，他對馬可很滿意。從此，他派馬可到處考察，從河北到陝西、山西、山東、四川、福建、浙江、江蘇……。後來還去了緬甸、西藏、西伯利亞、北冰洋等邊遠地方。

　　馬可對河北永定河上的盧溝橋特別佩服，他說橋面好寬，十匹馬可以並排走，現在歐洲人都喜歡把盧溝橋叫做馬可波羅橋。他還在浙江住了好多年，因為忽必烈讓他在揚州做了三年特使，現在揚州還有一個馬可波羅紀念館，門外面有一隻威尼斯送的銅獅子。浙江城市中，他最喜歡杭州，因為杭州最像威尼斯，「上有天堂，下有蘇杭」，他認為說得一點也沒錯。那時杭州是世界上最大的城市，人口有威尼斯的十五倍呢！

五、總不能在中國住一輩子呀！

這麼多年來，忽必烈對他們一直特別好，尤其是馬可，他讓馬可到很多地方考察，又賞給他們三人許多寶石。宮裡有些人看了不高興，「為什麼對這幾個外國人比對我們好？」於是有人眼紅，有人忌妒，有人忿忿不平，馬可他們也感覺到這些人的不友善。在中國已住了快十七年，他們常常想念威尼斯，該是回去的時候了。忽必烈一聽，馬上說：「你們不可以走，我還有工作給你們做呢。」他實在喜歡這三人，但是他們雖然感激忽必烈，總不能在中國住一輩子呀。

一天，機會來了，波斯王亞甘的太太剛病死，死前，她要求國王一定要娶一位和她一樣的蒙古公主。國王寫信請忽必烈送一位公主到波斯來嫁他。忽必烈選中十七歲的闊闊真公主（闊闊真，蒙古話的意思是藍色的天空，所以又叫藍公主）。只是，從中國到波斯，好遠好遠哦，他想了

又想，走絲路好，還是走香料路好呢？他
問馬可，馬可剛從香料路考察回來，就說
當然是香料路比較安全，馬可接下去說，
他對這條路很熟，可以護送藍公主。忽必
烈雖然捨不得，卻也覺得由他們護送他的
寶貝公主最最可靠。

　　忽必烈給他們一個由十四艘船組成的
艦隊，由汕頭出發。臨別時，大家都依依
不捨。忽必烈告訴馬可一行人：「你們一定
要再來中國看我。」他們也很難過，這些年
忽必烈對他們太好了，他們不會忘記的。
艦隊經過蘇門答臘、錫蘭、印度，走了兩
年半，才到波斯。而波斯王已經病死，公
主就改嫁給王子。

29

由於三人實在太累了，就在塔伯利茲住了九個月，這時候，康巴麗傳來消息說忽必烈已經病死，他們聽了好傷心，尤其是馬可，他真想大哭一場。忽必烈對他像父親、像老師，又像朋友，對他們三人大方慷慨，馬可說：「這輩子我再也不會遇到一位對我這樣好的人了。」

當他們回到威尼斯時，由於穿著過於破舊，還被家人以為是乞丐。他們一邊說明自己是誰，一邊從衣服裡抖出紅寶石、藍寶石等等，嘩啦啦攤了一桌子。家人這才認出他們的的確確是離別了二十四年的親人，能活著回來，真是令人高興！

這回是馬可興沖沖的說著他看到的中國，講大王忽必烈，多麼神氣多麼能幹又多麼愛他們；講他的宮殿，多麼雄偉多麼華麗又多麼讓人忘不了；講他自己去過的許許多多地方，每個城市的人做什麼賣什麼；哪一個城特別美，哪一個城的人會騎著馬去找馬，哪一個城最熱鬧，哪一個城有好多好多的橋。講中國人的晚餐，除了豬、牛、羊、雞之外，扭來扭去的，滑來滑去的，飛來飛去的，哇哇叫的，咕咕叫的，汪汪叫的……都可以煮了端上桌。

31

六、我只說了一半而已

　　當時他們只坐在家裡，同親戚朋友說中國、說東方，如果不是威尼斯同熱內亞兩個城，因為商業上不和睦，大打起來，馬可波羅還沒想到把他的旅行經歷「寫」下來呢。

　　當時為了防海盜，許多商人都有戰船幫助保護威尼斯港灣，波羅家也有一艘。所以當這兩城開戰，馬可理所當然是去保衛威尼斯了，他還是他家那艘戰船的榮譽司令呢！在亞德里亞海面上，各色旗幟飛揚，大砲的轟隆聲，兵士的廝殺聲把整個平靜的海洋鬧翻了天，戰爭結果，熱內亞大勝，威尼斯慘慘的輸了，我們的馬可，灰溜溜的被關進了監獄。

　　不用替他難過，我們還應該感謝熱內亞呢。在監獄裡，馬可遇到一位大作家若斯提切羅，當馬可把他的東方旅行經歷告訴作家時，作家聽得津津有味，他迫不及待的說:「馬可，馬可，你的旅行經歷實在

太有趣了，我一定要寫下來。」於是，一個
說，一個寫，三年後，兩人出獄時，書也
寫好了，這就是《馬可波羅東遊記》的第
一版。

33

許多人讀了都感到新鮮、新奇，真有書上說的中國這個國家嗎？真有忽必烈這麼一位神奇的王中之王嗎？宮殿真的那麼金碧燦爛嗎？真有龍這麼一種神氣兮兮的動物嗎？真有白色的熊，白色的馬，會拖雪橇的狗，兇兮兮的鱷魚嗎？真有像頭一樣大、叫做椰子的果子嗎？中國人真的吃蛇、吃蛙、吃狗嗎？問號真可以裝滿一籮筐。但別怪他們，沒有相片做證明，很難想像哦！多半的人都認為馬可胡說八道，只有少數人相信而已。

　　馬可後來結了婚，並有三個孩子。在他七十多歲病危時，神父問他：「現在你可以告訴我真話了，你說關於中國的事全是真的嗎？」他說：「我只說了一半而已，還有一半沒說呢。」

　　他這本書，後來雖然翻譯成一百五十種版本，多數人只把它當故事讀。六百年後，才有旅行家、地理探測學家走他說的路，證明他說的多半是真的。這些人中，最最崇拜馬可的是哥倫布，他把馬可的書讀了又讀，十分嚮往，他就組織了一個船隊，

預備走那條海路，結果在海上遇到暴風，迷了路，卻因此發現了新大陸。

我們今天可以說，馬可波羅是世界上第一位旅行探險家。他的遊記告訴我們，旅行不只是走馬觀花，還是「行萬里路，讀萬卷書」呢。

馬可波羅 小檔案

1254 年　誕生於威尼斯。

1265 年　爸爸尼可羅和叔叔馬菲俄到中國覲見忽必烈。

1269 年　爸爸和叔叔回到威尼斯。

1271 年　與爸爸、叔叔一同前往中國。

1275 年　在上都覲見忽必烈，從此在中國待了 17 年。

1282 年　出任揚州知事。

1292 年　護送闊闊真公主到波斯。

1294 年　忽必烈去世。

1295 年　回到故鄉威尼斯。

1296 年　被捕入獄，在獄中與作家若斯提切羅共同完成《馬可

　　　　波羅東遊記》。

1299 年　獲釋出獄，回到威尼斯。

1324 年　在家人的陪伴下離開人世。

寫書的人
陳永秀

陳永秀學的是科學,卻從小喜歡文學和藝術。父親總說她「塗鴉」,她卻樂此不疲,寫呀畫呀,心中滿是快樂。

這個科學界的逃兵一旦走上寫作的路,就不回頭了,一本一本寫,寫,寫。這些年她寫了《雪花飄》、《貓咪的歌》、《麵人的故事》、《大白冒險記》、《花》、《鳥》、《蟲》、《魚》、《孤傲的大師——追求完美的塞尚》(獲第四屆人文類小太陽獎)、《半夢幻半真實——天真的大孩子盧梭》(獲九十一年度兒童及青少年讀物金鼎獎)等。

畫畫的人
謝佩芬

日本東京多摩美術大學藝術碩士。在她的成長過程中,常有機會接觸西方繪本,沉浸在浩瀚的繪本世界中,她覺得好快樂好快樂,日後讓她對插畫充滿豐沛的熱情。

繪製本書的過程中,她仔細的考究自然與人文歷史,循著馬可波羅的腳步,一筆一筆畫出馬可的行跡,在天涯,在海角,在中國,在義大利……透過細微觀察和全新的繪本語彙,她找到屬於她的一種喜悅與意義,希望大、小朋友都會喜歡。